¿Aligátor o cocodrilo?

Un libro de comparaciones y contrastes

por Jennifer Shields

T0019952

Los aligátores y los cocodrilos son reptiles. Son miembros de un grupo llamado crocodilianos. Los caimanes y los gaviales también son crocodilianos.

Si miras de cerca, notarás diferencias entre ellos.

Hay dos especies de aligátores, dos de gaviales y seis de caimanes.

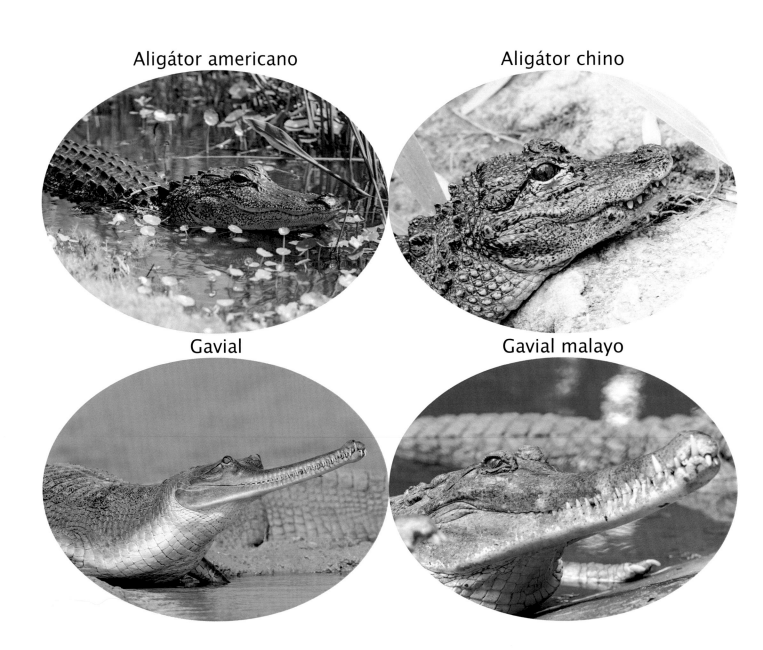

Aligátor americano

Aligátor chino

Gavial

Gavial malayo

Caimán negro

Caimán latirostris

Caimán de Cuvier

Caimán de Schneider

Caimán de anteojos

Yacaré negro

Existen catorce especies de cocodrilos.

El aligátor americano y el cocodrilo americano son los únicos crocodilianos nativos de Norteamérica.

Cocodrilo enano de África

Cocodrilo africano de hocico delgado

Cocodrilo americano

Cocodrilo australiano de agua dulce

Cocodrilo cubano

Cocodrilo de Morelet

Cocodrilo de las marismas

Cocodrilo de Nueva Guinea

Cocodrilo del Nilo

Cocodrilo del Orinoco

Cocodrilo filipino

Cocodrilo de agua salada

Cocodrilo siamés

Cocodrilo enano africano

Aligátor americano

Como reptiles de sangre fría, los cocodrilos necesitan temperaturas cálidas para estar activos. Estos toman el sol para calentarse.

Tanto los aligátores, así como los cocodrilos, viven sobre tierra y en el agua.

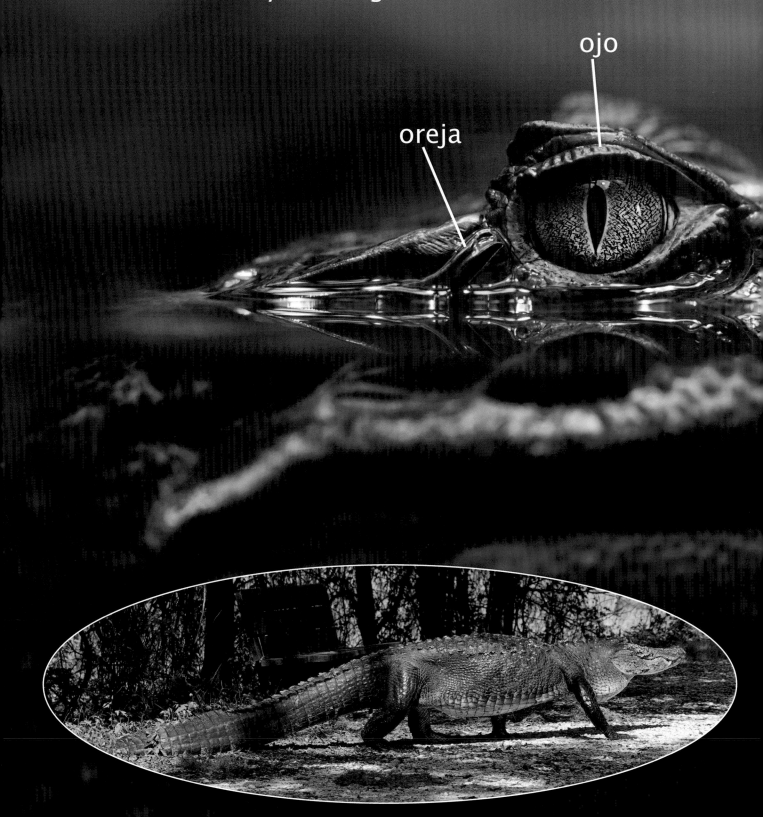

ojo

oreja

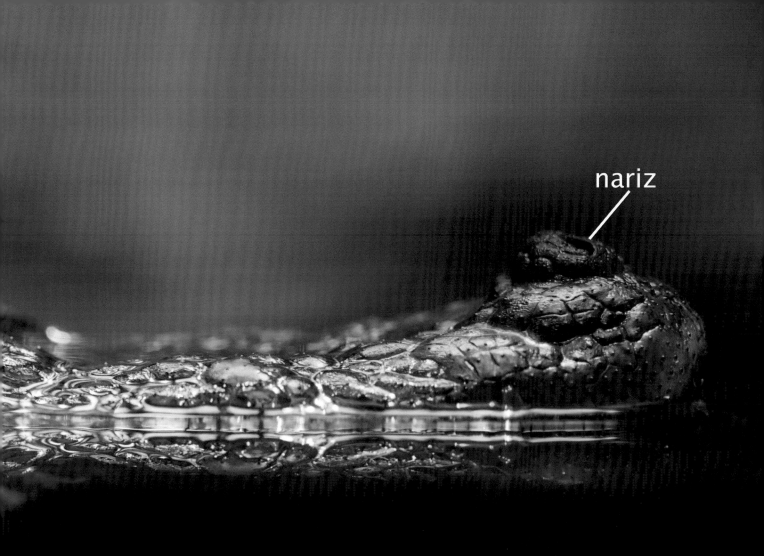

nariz

Tienen un tercer párpado llamado membrana nictitante. Estos párpados son transparentes como los anteojos y protegen sus ojos para que puedan ver bajo el agua.

Pueden mantener casi todo su cuerpo bajo el agua, para así esconderse de sus presas. Sus ojos, orejas y nariz están sobre la parte alta de su cabeza, y pueden estar sobre el agua para ver, escuchar y respirar.

Cocodrilos del Nilo

Cocodrilos del Nilo

Cocodrilos del Nilo

Las hembras de aligátores y cocodrilos colocan nidos sobre tierra para poner sus huevos. A diferencia de la mayoría de los reptiles, las madres cocodrilo cuidan sus nidos y protegen a sus bebés luego de que estos nacen. Estas llevan gentilmente a sus bebés recién nacidos al agua en el interior de su boca.

Aligátores americanos

Los aligátores y los cocodrilos comen peces, tortugas y mamíferos pequeños. Los cocodrilos del Nilo también comen mamíferos grandes, ¡como jirafas y ñus!

En general, los cocodrilos macho son más grandes que las hembras. El crocodiliano más pequeño es el caimán de Cuvier, y el más grande es el cocodrilo de agua salada. El aligátor americano está en el medio.

¿Qué tanto pueden crecer cada uno de los crocodilianos?

Caimán de Cuvier

Aligátor americano

Cocodrilo de agua salada

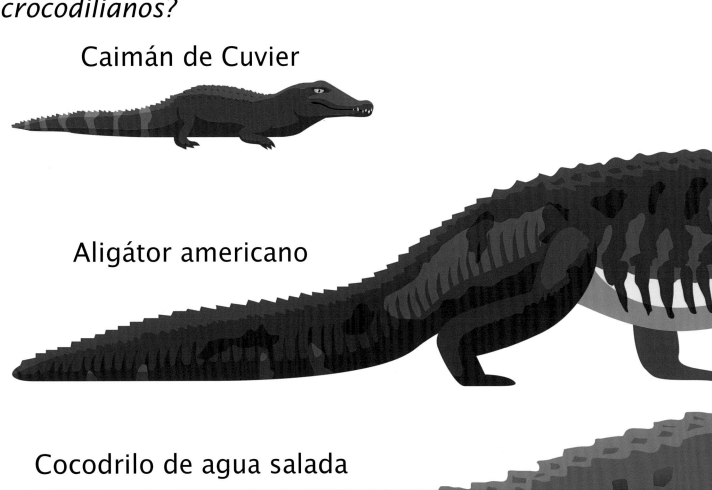

1 ft	2 ft	3 ft	4 ft	5 ft	6 ft	7 ft	8 ft	9 ft	10 f
0.30 m	0.6 m	0.91 m	1.21 m	1.52 m	1.82 m	2.13 m	2.43 m	2.74 m	3.04

¿Qué tan alto eres tú? ¿Cómo se compara esa medida con el largo de estos crocodilianos?

¿Cómo se compara con un adulto que conozcas?

7 ft 2.13 m
6 ft 1.82 m
5 ft 1.52 m
4 ft 1.21 m
3 ft 0.91 m
2 ft 0.6 m
1 ft 0.30 m

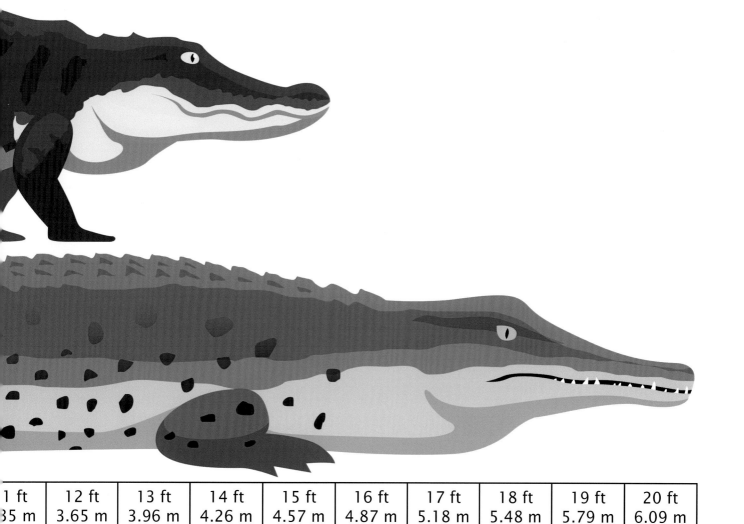

| 1 ft
35 m | 12 ft
3.65 m | 13 ft
3.96 m | 14 ft
4.26 m | 15 ft
4.57 m | 16 ft
4.87 m | 17 ft
5.18 m | 18 ft
5.48 m | 19 ft
5.79 m | 20 ft
6.09 m |

Los aligátores son generalmente de piel oscura.

Los cocodrilos generalmente tienen piel más clara.

Aligátor americano

Cocodrilo del Orinoco

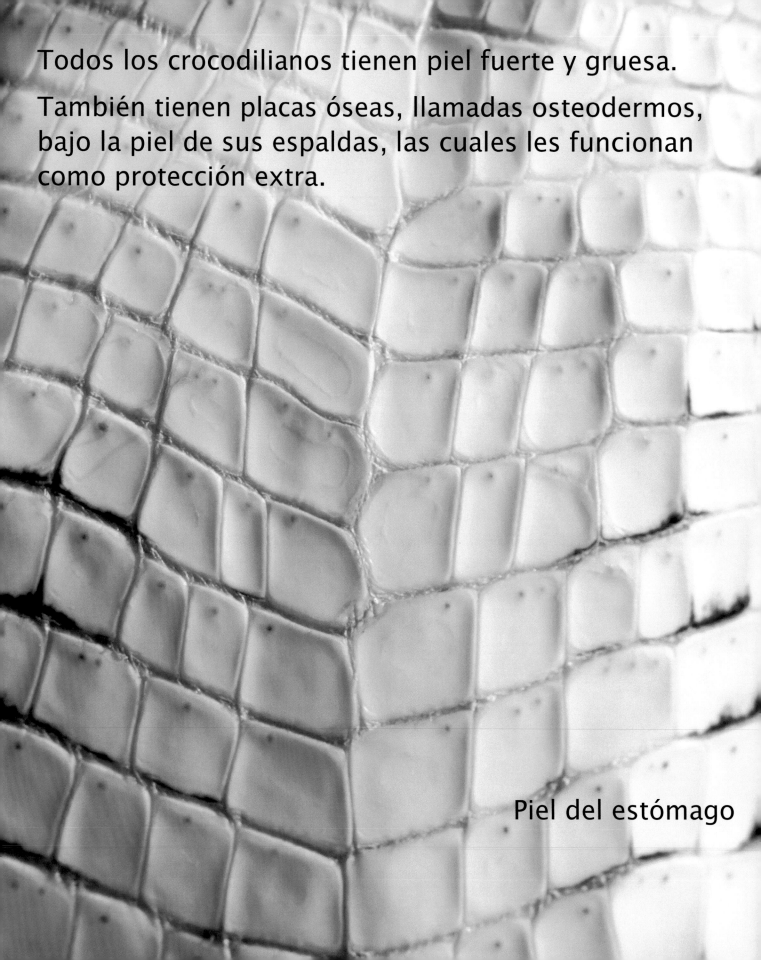

Todos los crocodilianos tienen piel fuerte y gruesa.

También tienen placas óseas, llamadas osteodermos, bajo la piel de sus espaldas, las cuales les funcionan como protección extra.

Piel del estómago

Los aligátores tienen hocicos grandes y amplios, con forma de "u".

Aligátor americano

La mayoría de los cocodrilos tienen hocicos puntiagudos en forma de "v", como este cocodrilo del Orinoco. Pero de las catorce especies de cocodrilos, algunos, como el cocodrilo de las marismas, tienen bocas más amplias.

Cocodrilo del Orinoco

Cuando un aligátor cierra su boca, solo se ven los dientes superiores, y quizá uno de los dientes inferiores en cada lado de la boca

Aligátor americano

Cocodrilo enano de África

Cuando cualquier tipo de cocodrilo o gavial cierra su boca, son visibles algunos dientes inferiores.

Otros muestran todos sus dientes.

Mientras crecen, los aligátores y los cocodrilos reemplazan sus dientes por unos más grandes. Solamente toma un par de días para que les crezcan nuevos dientes cuando los anteriores se caen.

¿Cuánto tiempo te toma a ti reemplazar un diente perdido?

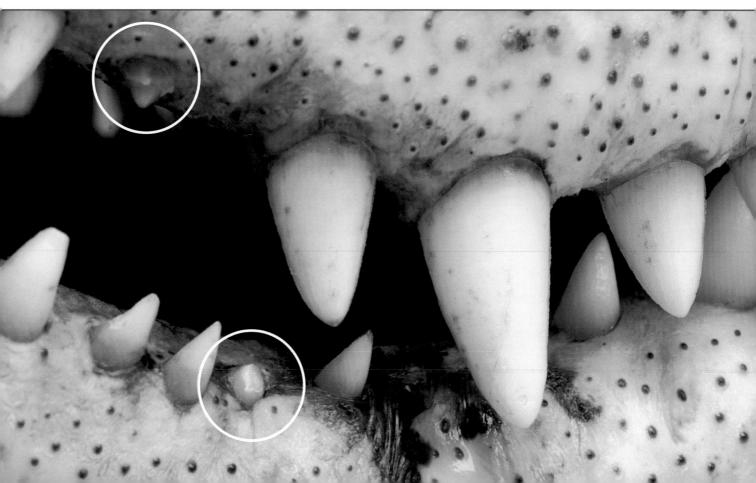

Aligátor americano

Ambos tienen colas fuertes para nadar. ¡Incluso pueden usarlas para saltar fuera del agua!

Cocodrilo de agua salada

Cocodrilo de
agua dulce

Las patas de los crocodilianos
tienen garras y membranas que
les ayudan a moverse sobre
tierra y en el agua.

Aligátor americano

Para las mentes creativas

¿Verdadero o falso?

Utilizando lo que leíste en el libro, determina si las siguientes afirmaciones son verdaderas o falsas.

1 Hay 14 especies diferentes de aligátores y 2 de cocodrilos.	**2** Cinco especies de crocodilianos son nativas de Norteamérica.
3 Los aligátores y cocodrilos de sangre fría toman sol para calentarse.	**4** Todos los reptiles ponen huevos y los pequeños sobreviven únicamente por instinto.
5 Todos los aligátores y cocodrilos tienen piel fuerte y gruesa.	**6** En general, los aligátores tienen hocicos amplios y grandes. Muchos cocodrilos tienen hocicos largos y puntiagudos, pero hay variaciones entre las especies.
7 Si un aligátor o cocodrilo pierde un diente, este nunca volverá a crecer.	**8** Los aligátores y cocodrilos tienen patas con membranas que les ayudan a moverse a través del agua y garras que les ayudan a moverse sobre tierra.

Respuestas: 1- Falso: Hay 14 especies de cocodrilos y 2 de aligátores. 2- Falso: Los aligátores americanos y los cocodrilos americanos son los únicos crocodilianos nativos de Norteamérica. 3- Verdadero 4- Falso: La mayoría, pero no todos los reptiles, ponen huevos y los pequeños sobreviven por instinto. Las madres cocodrilo y aligátor protegen y crían a sus pequeños. 5- Verdadero 6- Verdadero 7- Falso: ¡Solamente toma un par de días para que crezca un nuevo diente! 8- Verdadero

Empareja las adaptaciones

Todos los seres vivos tienen adaptaciones que les ayudan a sobrevivir en sus hábitats. Empareja la foto de las adaptaciones de aligátores y cocodrilos a la descripción.

1. Los aligátores y cocodrilos tienen un tercer párpado claro (membrana nictitante) que les ayuda a ver bajo el agua.
2. Las madres cuidan, protegen y crían a sus pequeños.
3. Al ser de sangre fría, estos toman el sol para calentarse.
4. Se esconden de presas potenciales al esconder la mayor parte de sus cuerpos bajo el agua, y mantienen sus ojos, orejas y narices sobre el agua.
5. Tienen membranas y garras en sus patas que les ayudan a moverse sobre tierra y en el agua.
6. Las colas fuertes les ayudan a impulsarse a través del agua, e incluso les permiten saltar para atrapar presas.

A   B   C

D   E   F

A mi difunto marido, David Leadingham, que me alentó a ser valiente y vivir nuevas aventuras—JS

Gracias a John Brueggen, Director del St. Augustine Alligator Farm Zoological Park, por la verificación de la información de este libro y por sus fotografías del cocodrilo de Nueva Guinea.

Todas las demás fotografías son licenciadas mediante Adobe Stock Photos o Shutterstock.

Library of Congress Cataloging-in-Publication Data

Names: Shields, Jennifer, 1960- author.
Title: ¿Aligátor o cocodrilo? : un libro de comparaciones y contrastes /
    por Jennifer Shields.
Other titles: Alligator or crocodile? Spanish
Description: Mt. Pleasant, SC : Arbordale Publishing, [2023] | Series:
    Compare and contrast books | Translation of: Alligator or crocodile? |
    Includes bibliographical references.
Identifiers: LCCN 2022051348 (print) | LCCN 2022051349 (ebook) | ISBN
    9781638172628 (Paperback) | ISBN 9781638170013 (interactive
    dual-language read along) | ISBN 9781638172802 (epub read along) | ISBN
    9781638172741 (PDF basic)
Subjects: LCSH: Alligators--Juvenile literature. | Crocodiles--Juvenile
    literature.
Classification: LCC QL666.C925 S542518 2023 (print) | LCC QL666.C925
    (ebook) | DDC 597.98/2--dc23/eng/20221110

English title: *Alligator or Crocodile? A Compare and Contrast Book*
English paperback ISBN: 9781643519821
English ePub ISBN: 9781638170396
English PDF ebook ISBN: 9781638170204
Dual-language read-along available online at www.fathomreads.com

Spanish Lexile® Level: 770L

Bibliography

"American Alligator: Species Profile - Everglades National Park (U.S. National Park Service)." Nps.gov, 2016,
    www.nps.gov/ever/learn/nature/alligator.htm.
David, Johnathan. Alligator vs Crocodile: All 9 Differences Explained – Everything Reptiles. www.
    everythingreptiles.com/alligator-vs-crocodile/#3_Crocodiles_Have_V-Shaped_Snouts.
Reptile Guide. Stacey, July 20,2021. Alligator Teeth Explained: Facts, Cost, and More! reptile.guide/alligator-teeth

Elaborado en los EEUU
Este producto se ajusta al CPSIA 2008

Arbordale Publishing
Mt. Pleasant, SC 29464
www.ArbordalePublishing.com